क्यों

शिवम भण्डारी

Made with ♥ on the Notion Press Platform
www.notionpress.com

क्रम-सूची

भूमिका

क्यों ? क्यों डेड अक्षरों का बहुत छोटा सा शब्द है पर अगर सोचा जाए, तो बहुत बड़ा है। बहुत से प्रश्नों के उत्तर भी मिल जाएंगे, पर डरते हैं - पूछने से ....? क्योंकि जब पूछा –"तो किसी ने सोचा उल्टा जवाब दे रहा है, तो किसी ने बोला - ऐसे ही होता आ रहा है।" तो किसी ने कुछ....? परंतु कोई मुझे एक बार पूछ लेता, क्यों ?

"तो शायद मैं यह सब न करता, जो-जो मैं कहानी में बताऊंगा ।" पर अगर जवाब मिल जाता, तो शायद, यह किताब कभी लिखी ही नहीं जाती।......

मानता हूं, बहुत सी गलतियां की है जिंदगी में, पर दिल का बुरा कभी नहीं था। ना कभी किसी के साथ गलत किया और ना ही कभी किसी का एक पैसा खाया और यह संस्कार घर से मिले, घर से सीखे पर बोला था, तो जैसा-देखा, जैसा-सुना, सब कुछ उसी से सीखकर किया। हर चीज देखी, सुनी और फिर की और पश्चाताप, पहले था चीजों का पर अब नहीं है, और शायद इसलिए नहीं है क्योंकि वह चीज हुई ही इसलिए थी, कि आगे जाकर हर चीज व्यवहारिक रूप से समझा सकूं और हर किसी को समझा सकूं और एक नए युग का प्रारंभ हो। क्योंकि, जरूरी नहीं है, हर बार भगवान आए और नया युग लाएं, यह भी तो सोच सकते हैं, कि अच्छे कर्म करें, खुद में सुधार लाए, अपनी संस्कृति और अपने पूर्वजों के बारे में खुद जाने और उनके कहे आदर्शों पर चले ।

"हर इंसान में बुराई है और हर इंसान में अच्छाई भी है" पर सब कुछ हमारे ऊपर होता है, कि अच्छाई को अपनाते हैं या बुराई को पर मैंने शायद दोनों को अपनाया और चीजें अपने ऊपर और अपने घर के ऊपर रखकर इसलिए बता रहा हूं, क्योंकि अगर दूसरे के बारे में बोलूंगा, तो कोई निशाना समझेगा, पर अगर सब कुछ अपने संदर्भ में बताऊंगा, तो सब समझ पाएंगे और सच्चाई जान पाएंगे। हर कोई समझ पाएगा, कि कोई गलत नहीं होता और हर चीज का असर पड़ता है, हमारे दिमाग में।

कविता

क्यों हर बार मैं अपनी ही अंतरात्मा से लड़ता था?
जब कोई समझा नहीं, तब भी खुद के हौसलों पर अड़ता था,
रहस्यमई दुनिया थी मेरी, जब तक कुछ नहीं समझता था।
अब-जब समझ रहा हूं, तब पता चल रहा है।
कि आखिर - क्यों मैं इस दुनिया से लड़ता था?
आखिर क्यों?

हिंदी में ही क्यों

यह किताब हिंदी में इसलिए लिख रहा हूं, क्योंकि सबको बताना चाहता हूं, कि हिंदी हमारी मातृभाषा क्यों कड़ी गई है? हिंदी में जो भावनाएं व्यक्त होती है, वह किसी भी और भाषा में व्यक्त नहीं की जा सकती है परन्तु मॉडर्न जमाना और दूसरों को टेखकर बदलने की आदत ने हमे, हमारी संस्कृति को ही भुला दिया है। "क, ख, ग", किसी को नहीं आता, परन्तु "A B C D" हम सब सीख गए और यह सिर्फ किसी को निशाना करके नहीं बोल रहा हूं, मुझे खुद को "क, ख, ग" नहीं आता ।

आमुख

शायद यह किताब लिखने की आखिरी सदी है क्योंकि हम आधुनिकीरण कर रहे हैं और उसके बाद शायद किताबें केवल उपकरणों पर ही प्रकाशित होने लगेंगी। मेरे बहुत से प्रशन है जिन्के जवाब शायद मैं अकेला ढूंढू तो एक और जन्म लगेगा इसलिए इस किताब के माध्यम से जानने का प्रयास कर रहा हूं और शायद कुछ गुण जो हम भूल गए है, उन्हें पुनः स्मरण करा रहा हूं। इस किताब को लिखने का एक उद्देश यह भी है।

• क्यों करू मैं उस भगवान का इंतजार जिसको किसी ने ना देखा है? क्यों करू मैं उस भगवान का इंतजार जिसके सिर्फ किस्से सुनाई देते हैं? यह किताब जन कल्याण हेतू है, मगर अंधविश्वास फैलाने हेतु नहीं।

• इस किताब के चार पार्ट आएंगे और हर साल एक पार्ट आएगा। यह किताब मनुष्य के ऊपर है, वह किस तरह बदलता है।

• मुझे लिखना नहीं आता परंतु मैंने एक प्रयास किया है, बहुत से बच्चे है जो आजकल आत्महत्या कर रहे है। सिर्फ यह सोच कर की आगे क्या होगा? हम अपने माता-पिता की उम्मीद पर खड़े उतरेंगे या नहीं? ना जाने क्या-क्या।

• मैंने अपनी कहानी इसलिए नही बताई की मैंने बहुत कुछ हासिल कर लिया है। मैं बस इसलिए बता रहा हूं क्योंकि मैंने भी बहुत कुछ सहा है परंतु हार नही मानी आजतक। मैं पढ़ाई से ज्यादा खेलकूद में अच्छा था परंतु आर्थिक स्थिति की वज़ह से मैं कभी उस तरफ जा ही नहीं पाया और जब मैं आज चीज़े देखता हूं तो मुझे बहुत निराशा होती है की हम लोग किस मार्ग पर अग्रसर हो रहे है? आधे से ज्यादा युवा पीढ़ी नशे की तरफ जा रही है। जहा लोग पहले खुशी के माहोल में मदिरा का सेवन करते थे वहीं आज का युवा असल दुनिया से दूर जाने के लिए या यह कह सकते है की वास्तविकता को न स्वीकारने के लिए, यह सब कर रहा है। जहा पहले जिम्मेदारियां उठाने का लोग प्रण लिया करते वही आज के लोग जिम्मेदारियों को भोज समझने लगे है।

• हम लोग हार मानना सीख गए हैं? कुछ करने से पहले ही हम डर जाते है की यह करे या ना करे और अधिकतम बार हम अपने ऊपर भरोसा होने के बाद भी कुछ चीजों को नकार देते है, सिर्फ इसलिए क्योंकि हम जब चिंतन करने बैठते है तो अच्छा सोचने के बजाए बुरा ज्यादा सोच लेते है।

• हर कोई यह बोल रहा है कलियुग है! कलियुग है! लेकिन मैं यह नहीं मानता मेरे लिए कलियुग सिर्फ एक कल्पना है। जब तक किसी मनुष्य के अंदर अहंकार, लालच और द्वेष भाव रहेगा, तब तक वह इस संसार को कलियुग ही समझेगा।

1

मज़बूरी

तो बात है, कक्षा पांचवीं की।

छोटा था, भोला था, घर वालों ने कभी पैसे नहीं दिए। चीजें खुद लेकर के देते थे और हर वह चीज़ दिलाई जो मांगी। ज्यादातर नहीं, क्योंकि पैसों की तंगी थी और शायद उनका मानना था, कि बिगड़ ना जाए, अगर पैसे दिए तो? और हमेशा मेरे साथ गए और जो मांगा वह दिलाया। शायद ठीक ही सोचा था उन्होंने, पर मेरी बुद्धि, हमेशा से उल्टी चलने वाली थी, तो मैंने सोचा - इन्हें भरोसा नहीं है। जब कि वह अपनी जगह बिल्कुल सही थे और मैं अपनी जगह गलत।

गलत, भी नहीं बोलूंगा क्योंकि, बच्चा था, शायद समझ ही नहीं थी।

किसी से सुना की, "चोर - चोरी मजबूरी में करता है।" तो अपने आप को भी मजबूर समझने लगा था और गलत रास्ते पर चला गया पर भगवान ने हमेशा साथ दिया। किसी बाहर वाले ने ना पकड़कर, मेरी चाची, जो मुझे ट्यूशन पढ़ाती थी। उनको ही पता चला। उन्होंने मुझे कुछ पूछा नहीं और बोला – "घर जा तेरे पापा को बताऊंगी।"

जब घर गया तो डर में ही था, फिर रात को उन्होंने पापा को बताया – "मैंने क्या-क्या किया"?

सुबह पापा ने घर पर नहीं मारा, बाहर ले गए। रास्ते पर चलते - चलते मारा और वापस आते हुए भी मारा। उस समय बहुत बुरा लगा पर गल्ती मेरी थी, तो कुछ बोला भी नहीं।

फिर बुआ से सुना, कि अगर इतनी अच्छी थी चाची, तो इसको समझाती, इसके पापा को नहीं बताती। फिर भी सुधर जाता और समझ जाता और वहां से उत्पन्न हुई चाची को ना पसंद करने की भावना।

अब आते हैं क्यों पर

मैंने चोरी क्यों की? — चोरी इसलिए की थी, क्योंकि उस समय प्रचलन था, "पैन पेंसिल और ट्राईमैक्स पैन" का।

जो मामूली पैन और पेंसिल से महंगे हुआ करते थे। स्कूल में देखा की एक दोस्त ने लिया और फिर उसे देखकर सब ने लिया। तो वह जो बचपन होता है ना..? कि कुछ चीज़ देखी और पसंद आ गई, तो घर पर जिद्द की, मुझे भी चाहिए।

पर घर पर शायद, आर्थिक तंगी थी या जो भी..... मना कर दिया, तो "चोरी करके लेने लग गया था।"

हां गलत था मैं, कभी नहीं बोलूंगा की सही था मैं, पर शायद अपनी गल्तियो से बहुत कुछ सीखा और समझा भी और वही बताऊंगा। सब कुछ सच है, कुछ काल्पनिक और मनगढ़ंत नहीं है।

पापा ने क्यों मारा? — घर की टेंशन, ऑफिस की टेंशन और समाज क्या सोचेगा वह अलग?

"अपने बच्चों को गांव की दुनिया से बाहर लाया, ताकि अच्छा पढा - लिखा सके, अच्छा करें और यह चोरी करना सीख रहा है।"

बाहर ले जाकर क्यों मारा? — घर पर दादा जी थे और पापा कभी भी नहीं चाहते थे, कि मेरे बेटे ने चोरी की, यह उनके पिता जी को पता चले, "एक संस्कार था, एक शर्म थी।"

बुआ ने चाची के लिए ऐसा क्यों बोला? — बचपन से बुआ ने मेरा पालन पोषण किया, तो मैं उनके लिए उनके अपने बच्चे जैसा था। जब उन्होंने सुना की पापा ने बहुत मारा, तब उन्हें बहुत बुरा लगा।

चाची ने ऐसा क्यों किया — चाची ने यह नहीं सोचा था, की पापा मुझे मारेंगे। उनका सोचना यह था, की वह मुझे समझाएंगे, मारेंगे, यह नहीं सोचा था और उनको बिलकुल भी अच्छा नहीं लगा था, "जब उन्हें पता चला कि मैंने चोरी की है।" उनको भी यह चीज़ बहुत बुरी लगी थी।

समाज को संदेश

"कोई भी इंसान खराब नहीं होता। हालात और मजबूरी इंसान से गलत कृत्य कराता है।"

एक बार किसी ने मजबूरी में चोरी की और बताया भी होगा, कि यह परेशानी है और यह भी हो सकता है की उस समय लोगों ने उसका भरोसा भी किया हो, पर उसके बाद किसी एक गलत इंसान ने उसका फायदा उठाया हो। उस एक इंसान के चक्कर से किसी भी चोर को अब माफ नहीं किया जाता है परंतु अगर इस चीज को भी अच्छे नजरिए से देखा जाए, तो एक नया कानून आया। कानून आया..... तो भय आया..... और मनुष्य को सबसे ज्यादा कमज़ोर उसका "भय" बनाता है।

कविता

गलत नहीं, मज़बूर था वो।

हालात से लड़ कर, खुद में चूर था वो।

हो सकता है शायद, कभी उससे कोई समझे।

समझा नहीं कोई, ना समझने दिया उसने।

ना जाने, किस बात का गुरूर था उसमें।

कोई गलती करके भी, हमेशा गलती दस्तूर को ही देता था वो।

सही होकर भी, अपने आपको मज़बूर ही कहता है वो।

2

देखा-देखी

तो बात है, कक्षा -छह की।

पढ़ने में ठीक-ठाक था, "ना ज्यादा अच्छा, ना ज्यादा बुरा" लेकिन घर वालों को लगता था, बचपन में तो बहुत अच्छा था। अब ऐसा क्यों हो गया? पर धीरे-धीरे मन हटने लगा था पढ़ाई से और खेलकुद में ज्यादा।

ऐसा नहीं था, कि याद नहीं होता था, याद तो हो जाता था सब कुछ पर पता नहीं, पेपर के समय सब कुछ भूल जाता था। जब यह घर पर बोला, तो उन्हें लगा झूठ बोल रहा है। उनका कहना था की पढ़ाई नहीं करेगा, तो नम्बर कहा से आयेंगे किंतु ऐसा नहीं था, ट्यूशन तो छोड़ दिया था चाची से। खुद पढ़ना शुरू कर दिया, पढ़ता भी था, याद भी होता था पर पेपर में वही..."निल बट्टे सन्नाटा"

कोई भरोसा भी क्यों करता? चोरी कर दी थी, वह भी पकड़ी गई और ऐसा नहीं है की बचपन में किसी ने चोरी ना की हो, पर जो पकड़ा गया वह चोर। मेरे साथ भी यही हुआ! अब परीक्षा में दुबारा नंबर काम आए, फिर मार पड़ी...।

फिर देखा की लोग तो पेपर में नकल लेकर आते हैं और पास भी हो जाते हैं। मैंने सोच लिया, मैं भी पर्ची लेकर जाऊंगा और पास हो जाऊंगा। उस समय होते थे, छह विषय - "अंग्रेजी, हिंदी, संस्कृत, गणित, सामाजिक विज्ञान, विज्ञान। हिंदी और संस्कृत में तो मजा भी आता था और हिंदी तो खैर बोलचाल की भाषा थी लेकिन संस्कृत की अध्यापिका

डॉक्टर अंजु लेखा बहुत अच्छा पढ़ाती थी और संस्कृत मेरा पसंदीदा विषय भी था, तो पढ़ने में मजा भी बहुत आता था और याद भी हो जाता था। अब आएं.... वार्षिक परीक्षा, सारे विषय में पर्ची ले गया था। सोचा था, कि अगर कुछ भी भुल जाउंगा। तो देख कर लिख दूंगा और लिखा भी....।

सच बताऊं तो नकल संस्कृत की परीक्षा में भी ले गया परन्तु जब पेपर देखा, तो सब आता था(तब पर्ची नहीं निकाली) मगर भगवान हर बार साथ तो देगा नहीं, क्योंकि अगर अच्छा कार्य कर रहा होता तो साथ देते।

तो हुआ क्या पता नहीं ?

कैसे पर्ची नीचे गिर गई और पीछे वाले सीट पर जो लडका बैठा था, उसने देख लिया। मैं, तो बहुत खुश था कि चलो सब आता है।

तो इसलिए पर्ची पर ध्यान भी नहीं दिया।

तभी पीछे वाली सीट के बच्चों ने पर्ची देखी और अध्यापक को बुला दिया। फिर क्या.. अध्यापक ने एक भी नही सुनी।

मैंने बोला भी था, पेपर ले लीजिए, दोबारा करके दिखा दूंगा ।

लेकिन अगले दिन घरवालों को प्रधानाचार्य के दफ्तर में बुलाया गया ।

"चोरी और अब चीटिंग दो उल्टे काम तो कर दिए।"

अब आते हैं क्यों.. पर

अध्यापिका ने मेरी बातों पर भरोसा क्यों नहीं किया? — अध्यापिका ने मेरी बातों पर विश्वास इसलिए नहीं किया, क्योंकि अगर शायद मुझे क्षमा कर देती, तो कोई और फिर मुझे देखकर नक़ल करता। दूसरा कारण बच्चों में डर बना था, कि नकल क्यों नहीं करनी चाहिए? और शायद कुछ गलत नहीं किया उन्होंने...!

घर वालों ने क्यों मारा....? — घर वालों ने इसलिए मारा, क्योंकि पहले चोरी और अब तो "सोने पर सुहागा" नकल। एक बार रिश्तेदारों ने पकड़ा और एक बार स्कूल में बदनामी. .. वह भी गलत नहीं थे क्योंकि गलत तो मैं ही था, भले मेरे नज़रिए से नहीं पर समाज की नज़रों में।

मैंने, क्यों की नकल...? — बहुत मार खा ली थी, मार से बचने के लिए नकल करना शुरू किया, पर जब मार पड़ी पकड़े जाने पर उसके बाद दसवीं कक्षा तक कभी नकल नहीं की। मेरी कक्षा में तो कोई भी नहीं करता था, बाकि तो पढ़ने में अच्छे थे। मैं ही था, एक कमजोर जो भूल जाता था पढ़ा हुआ पर एक खुशी भी थी, कि जिन-जिन विषय में नकल की, उन सबसे ज्यादा अंक संस्कृत में आए। "नब्बे में से बहत्तर"..... नंबर भी इसलिए ही याद है, क्योंकि बिना नकल किए आए थे।

समाज को संदेश

"हर किसी को एक मौका देना चाहिए, अपनी बात रखने का। सिर्फ जो दिखा उस पर भरोसा नहीं करना चाहिए। कोई मनुष्य क्या महसूस कर रहा है? उसके साथ क्या-क्या हो रहा है? वह किस दौर से गुज़र रहा है, किसी को नहीं पता। हर कोई गलत नहीं होता!

परंतु सही भी है क्योंकि किसी न किसी ने पहले भी यह कृत्य किया होगा और शायद उसे माफ़ भी किया होगा पर उसके बाद बच्चों को नकल करने की आदत पड़ी होगी और फिर बना नया कानून...! "अनुचित साधन" का और फिर बना "भय" और फिर नकल होनी हुई होगी बंद।

कविता

अकेला नहीं था वो,

बस इस दुनिया की भीड़ में कहीं खो गया था वो।

सब कुछ था उसपे, पर तब भी कुछ न होने का एहसास था वो।

माने जैसे उसको कुछ हो सा गया था, मगर होसियार बहुत था वो।

नहीं लगता था मन, पढ़ाई में उसका।

रातों को, अकेले में जैसे रोता था वो।

कुछ बातों से अपनी ही रेखा में रह गया वो,

ना जाने खुद को बदलने की चाह में, देखा–देखी में रह गया वो।

3

ढीठ

एक और नया साल, एक और नया किस्सा...।

बात है, कक्षा सातवीं की चोरी कर ली.. नकल कर ली.. और बहुत पिट भी चुका था अब तक, लाइन पर भी आ गया था। चोरी नहीं की दोबारा, ना ही चीटिंग की और नंबर भी ठीक-ठाक आने लगे थे पर वही ना किस्मत....!

घर के लोग प्यार बहुत करते थे पर गुस्सा भी बहुत भयंकर था। मुख्य पात्र पापा ही है।

छोटा ही था, ज्यादा बड़ा नहीं हुआ था तो स्कूल के लिए तैयार पापा ही करते थे, मना करने पर भी।

एक दिन खुद तयार हो गया था, पर शायद उस दिन पीटना ही लिखा था नसीब में। बेल्ट पहन रहा था, पता नहीं कहां से पापा का ध्यान गया, कि यह बेल्ट तो सही थी। इसे सीला किसने और मुझे कुछ पता नहीं था क्योंकि मेरे लिए तो बेल्ट यह थी, कि बस पहन के जानी है तो पहन ली, उतना ध्यान नहीं दिया कभी।

लेकिन मां-बाप तो हर चीज में ध्यान देते हैं और वह बेल्ट सिली हुई थी।

पापा ने बोला - किसकी बेल्ट है?

मैंने बोला - मेरी ही है।

पापा बोलते हैं - नहीं तेरी नहीं है? मुझे नहीं पता क्या, तेरी कौन सी बेल्ट थी? मैं ही लेकर आया था। सारे कपड़े मैं ही लेकर आता हूं तेरे लिए, पहले तो नहीं थी यह सीली हुई? आज कैसे दिख गई।

मुझे तो कुछ समझ नहीं आ रहा था और पापा को लगा झूठ बोल रहा है, फिर वही हुआ मार खाई।

मारते रहे और बोला की जब तक बताया नहीं की किसकी बेल्ट है, स्कूल नहीं भेजूंगा।

दिमाग तेज था या भगवान ने उपाय दिया, पता नहीं क्या हुआ बोल दिया की मेरी नहीं है। एक लड़का था, सचिन नेगी, बहुत कम विद्यालय आता था। मैंने बोल दिया, सचिन की है पर फिर वही किस्मत पलट गई, बोल तो दिया की उसकी बैल्ट है परन्तु बाप तो बाप है "मैं शेर तो वह बब्बर शेर।"

सोचा था... बोलेंगे छुट्टी के समय लेकर आ जाना पर नहीं..... उन्होंने बोला - "चल स्कूल, बता किस पर है? कौन है सचिन?"

अब चौड़ा भी पूरा हो गया और चला गया, क्योंकि यह भी सुना था की "जब बिना डरे झूठ बोलो, तो सच लगता है," पर फिर उल्टा हो गया। स्कूल गए, रिसेप्शन वाले सर से बोला –"इसकी कक्षा के सचिन को बुला दो? "

अब जो व्यक्ति बहुत कम विद्यालय आता था, वह उस दिन आया हुआ था।

उसे पूछा तो.. बोल दिया उसने "कि हमने तो कोई बेल्ट बदली ही नहीं।"

बस फिर क्या... दोबारा डर गया, पर शायद अच्छा ही हुआ। स्कूल पहुंच गया था, तो अध्यापक ने बचा लिया परंतु पूरे समय मन में यही डर था, कि घर जाकर शाम को खाट खड़ी होने वाली है। छुट्टी हुई घर पहुंचा, शाम को पापा के आने का इंतजार किया।

जब आए, तो बर्गर और नयी बेल्ट लाए हुए थे और मैं हैरान यह क्या है?

पहले सॉरी बोला की मेरी गलती है मारना नहीं चाहिए था और बर्गर माफी के लिए था, पर वही आखिर में ताना भी मार दिया की "झूठ तो

तूने भी बोला था और की झूठ मत बोला कर।"

अब बताऊंगा की ऐसा कैसे और क्यों हुआ?

पापा ने बहुत मारा तो मम्मी को बुरा लगा। मम्मी को बुरा लगा तो "मम्मी ने बुआ को सब बताया।"

तब बुआ ने पापा से कहा - यह बैल्ट तो तूने ही सिली थी।

तब पापा को याद आया, कि, हां! मैंने सिली थी परंतु झुकना थोड़ी है, बाप हूं, मैं तो डांट क्या मारूंगा भी। हर किसी के पापा ऐसे ही होते हैं और झुके भी क्यों? बच्चों को पाल भी वही रहे हैं "मार दिया, तो मार दिया।"

मैं ही उल्टी बुद्धि का था, तो सोचा, क्या करना है छोड़ो और बच्चा था तो खुश भी हो गया था या शायद "ढीठ" बन गया था क्योंकि अब मार का असर पडना भी बंद हो गया था या ये बोलो "चमड़ी मजबूत हो गई थी।"

अब आते हैं ,क्यों पर...

मैंने झूठ क्यों बोला- "मैंने झूठ इसलिए बोला क्योंकि पीटने से बचना था और उपाय कुछ था नहीं या, पीट – पीट के थक चुका था।"

पापा ने क्यों मारा? – पापा ने इसलिए मारा, क्योंकि जिसने एक बार चोरी कर ली और एक बार नकल कर ली, तो उसपे भरोसा होगा भी कैसे..?

सचिन को तो कुछ पता ही नहीं था, उसके लिए क्या ही बोलना।

समाज को संदेश

एक बार अगर कुछ गलत करते हुए पकड़े गए तो उसके बाद किसी को कुछ भी बोलो, सब कुछ झूठ ही लगता है और कोई सुनता भी नहीं है। वही मेरे साथ भी हुआ और अगर झूठ अच्छे के लिए बोलो तो "भगवान भी साथ देता है।" मैंने तो सिर्फ मार से बचने के लिए बोला था, "सच तो बोल ही रहा था पहले, बस पता नहीं था कि पापा ने ही सीली थी बैल्ट।"

कविता

दिल का बुरा कभी नहीं था,

हालातो का मारा था वो।

कुछ बातें बता ना सका,

कुछ बातें दिल में दफनाता रहा वो।

आता नहीं था समझ में कुछ उसको,
खुद से लड़ कर अड़ा रहा वो।
नकल नहीं करता वो,
पर कभी समझा नहीं कोई उसको।

4

प्रेम

बहुत कुछ हो गया था... चोरी करली थी, नकल में भी पकड़ा जा चुका था और झूठा भी घोषित हो गया था।

अब आया मैं, कक्षा-आठवीं में। पास तो होता जा रहा था और नंबर भी ठीक-ठाक आने लगे थे। अब ताने पड़ने लगे कि हमेशा बाहर बेज्जती ही करवाता रहेगा या कुछ ढंग का भी करेगा। तब दिमाग में बैठ गई थी यह बात भी, की "पापा की नाक तो कटवाई बहुत बार, पर अब सर ऊंचा करवाना है उन्ही के सामने जिनके सामने बेज्जती हुई है" मेरे कारण।

स्कूल के जूनियर विंग की आखिरी कक्षा थी। पांचवीं से आठवीं तक होती थी जूनियर विंग, प्रतिस्पर्धा भी होती थी, अलग-अलग वर्ग के बच्चो की अलग–अलग खेल में।

मुझे मौका मिल गया था क्योंकि शतरंज भी था, उस प्रतिस्पर्दा में।

शतरंज सीखाया था, मुझे, मेरे दादाजी ने, बहुत अच्छा खेलते थे वो और मुझे भी उन्होंने ही सिखाया और धीरे-धीरे उनको हराने लग गया था। सीख तो शायद बहुत गया था, क्योंकि "जब अपने ही गुरु को शिष्य हराने लग जाए, तो वह शिष्य एक अलग ऊंचाई पर पहुंच जाता है" और आत्मविश्वास भी था, जब गुरु को हरा दिया, तो यह बच्चे क्या है और हुआ भी ऐसा।

स्कूल में जीत भी रहा था और प्रथम भी आ गया था। मेडल और सर्टिफिकेट भी मिला, पहली बार मंच पर चढ़ा और सम्मानित हुआ पर

एक मैच अभी भी याद है जो मेरे ही सहपाठी प्रशांत चौहान के साथ तय हुआ था।

मैच शुरू हुआ अच्छा खेल रहा था मगर एक चाल देख ली थी मैंने, जो वह नहीं देख पाया। मैंने जीतने के लालच में उसको डरा दिया कि समय ज्यादा ले रहा है तू चाल चलने में।

सर को बुला दूंगा, जल्दी चल और वह डर भी गया था तथा हड़बड़ी में बिना देखे उसने चाल चली और फिर अंत में हार गया।

ऐसे ही पहला स्थान मिला था परंतु यह कभी नहीं बोलुगा की जो किया सही किया।

अब आते हैं क्यों पर?

मैंने ऐसा क्यों किया – "बहुत गलत काम कर लिए थे" और बहुत मार भी सही थी। अब चाहता था, कि कुछ गलत ना हो सब सही चले और शायद पहला स्थान आ जाएगा तब शायद पापा खुश हो जाएंगे और कभी मारेंगे नहीं। कसम से "सब बस पापा को खुश देखने के लिए किया था।" पर साथ-साथ कुछ झूठ भी बोले,

जैसे पांचवीं से दस तक के बच्चों की प्रतियोगिता थी जबकि वह सिर्फ पांचवी से आठवीं के बच्चों की थी और उसमें प्रथम आया था ताकि पापा की "छाती ज्यादा चौड़ी हो जाए।" उसके बाद चैस की प्रशिक्षण(कोचिंग) भी गया। सब अच्छा होने भी लगा था शायद तभी कहा भी जाता है कि "अच्छे के लिए बोला हुआ झूठ, झूठ नहीं होता।"

समाज को संदेश

लालच बुरा नहीं है परंतु अच्छी चीज का लालच करो, जो समाज और परिवार के लिए अच्छा हो। मुझे "प्रेम" का लालच था इसलिए यह सब किया, बस मुस्कान देखनी थी पापा की और कुछ नहीं और इसलिए भगवान ने साथ भी दिया तथा इस बार बोले हुए झूठ, पकड़े नहीं गए।

कविता

बाप से उसको प्यार था बहुत,

अपनी काबिलियत से बढ़ कर, करना सब चाहता था वो।

बुरा नहीं था दिल का वो,

लालच तो बस प्रेम का था उसको।

रातों को सोता ना था, सबको खुश देखना चाहता था वो।
दिल को तसल्ली देता, और आखों में सपने लिए सो जाता था वो।

5

हर कुत्ते का दिन आता है

जैसे "अंधेरे के बाद, सवेरा होता है" वैसे मेरी जिंदगी भी चमक गई थी। एक झूठ बोलने के बाद जो खुशियां आई, पूछो मत ....!

बात है कक्षा नौ की... अब आया मैं सीनियर वर्ग में। चैस में जीत चुका था, विद्यालय में सम्मानित हुआ, शिल्ड और सर्टिफिकेट भी मिला, पिताजी भी खुश थे और सब अच्छा चल रहा था। कोचिंग लगाई थी पिताजी ने शतरंज के प्रति मेरी रुचि और अच्छा प्रदर्शन देखकर। जितना भी दुख था जिंदगी का सारा शनिवार और इतवार को खत्म हो जाता था क्योंकि दो ही दिन की होती थी, चैस की कक्षा।

परंतु यह भी सच है की "जिंदगी का दूसरा नाम दुख ही है।" अब हुआ यह की मेरी चाची, जो मुझे ट्यूशन पढ़ाया करती थी, वह मेरे ही विद्यालय में अध्यापिका बन गई थी। मस्ती-मजाक जो भी होता था सब बंद करना पड़ा, क्योंकि भले कोई कुछ बोलता नहीं था पर एक डर बना दिया था घरवालों ने कि कुछ भी उल्टा काम किया तो घर पर जाएगी बात सीधा....।

इस डर से पढ़ना भी थोड़ा और अच्छे से शुरू कर दिया था क्योंकि गणित की अध्यापिका चाची बनी मेरी कक्षा की और मुझे ही मारती थी सबसे ज्यादा शायद वह सोचती होंगी, अपना बच्चा पहले सही होना

चाहिए, तब औरों को बोला जाएगा लेकिन मैं तो पढ़ने में बहुत ही कमजोर था और मार के डर से अच्छा भी हो गया था और बहुत सारी अध्यापक-अध्यापिका भी बदल गये थे। उनके पढ़ाने के तरीके में कुछ तो अलग था, जो समझ में भी आने लग गया था या शायद डर दुगना हो गया था क्योंकि अब नंबर नहीं आए! तो मार भी पड़ेगी और घर तक बातें आसानी से पहुंच भी जाएगी, पहले आधे नम्बर तो बताता भी नहीं था। धीरे-धीरे स्कूल में भी सबको पता चलने लग गया था कि यह मेरी चाची है, अब बाकी अध्यापक से भी डरने लग गया था।

कुल मिला कर कहूं तो कक्षा-नौ बहुत अच्छी गई लग–भग क्योंकि एक तरफ चल रहा था चैस और दूसरी तरफ फुटबॉल में भी चयन हो गया था। हमारा हाउस दूसरे स्थान पर आय था और मुझे अपने बारे में पता भी था कि मैं फॉरवर्ड और अटैक खेल नहीं सकता, और डिफेंड में बहुत भागना पड़ता है इसलिए मैं गोलकीपर के तौर पर ही खेलता था परन्तु कहते हैं ना की "किसीको भी कम नहीं आंकना चाहिए" तो मैं अगर टीम के नजरिए से बताऊं तो मैं बहुत अच्छा गोलकीपर था लेकिन खेलने का कारण बस एक था की एक और बार कॉलर खड़े करने का मौका था। पिताजी के सामने और अपनी भी थोड़ी इज्जत बढ़ानी थी सबके सामने और हुआ भी वही, फिर से शिल्ड और स्र्टिफिकेट.... ।

फुटबॉल के अभ्यास में और चेस की दो दिन की कोचिंग में सब भूल जाता था, क्योंकि जैसे मैंने बताया की शायद "जिंदगी का दूसरा नाम दुख और संघर्ष है, सुख ज्यादा नहीं रहता" और थोड़ी बहुत शुरुआत भी हो गई थी।

चेस की कोचिंग के बच्चों के साथ एक प्रतियोगिता थी, जब वहां एक बच्चा पहले आया खेलने तो मुझे वह बच्चा सा लग रहा था, तब मैंने सोचा कि हार जाएगा।

"अहंकार आ गया था" और हार भी गया, पहले राउंड पर...

फिर कमबैक भी किया और जीता भी आगे के सारे मैच।

दसवीं श्रेणी आयी मेरी परन्तु खुशी यह थी की, एक से दस तक को ही सर्टिफिकेट मिलना था। इसके एक दो महीने बाद एक और प्रतियोगिता थी। ऑल ओवर दिल्ली में आवेदन शुल्क चार हज़ार था और मतलब

एक से डेढ़ लाख के भीतर जिसका भी स्थान आता उसके लिए नकद पुरस्कार था। जो अन्तिम आता इसमें तो उसे छः हजार रूपए मिलने थे मतलब जिस भी व्यक्ति का स्थान आखरी होता(150000)। पापा को बताया प्रतियोगिता के बारे में बहुत खुश था, दोस्तों ने भी बोला "जा भाई अच्छा खेलता है तू, ज्यादा नहीं तो छः हजार रुपए तों जीत ही जाएगा" लेकिन पापा ने मना कर दिया था।

अब दिमाग में बैठ गया कि, "जब दोस्तों को भरोसा है, तब इन्हें क्यों नहीं है।"

उसके उपरांत धीरे-धीरे प्रशिक्षण भी छुड़ा दिया पर वह एक जगह थी "जहां दिल लग गया था।"

"पूरी दुनिया का एक दुख एक तरफ..! जिंदगी में जो चल रहा है एक तरफ...."।

"घर की डांट, मार एक तरफ और वह जगह एक तरह से सारे दुखों का निवारण करने वाली जगह थी।"

अब आते हैं क्यों पर

मुझे यह लगा कि अब तो सब कुछ अच्छे से करने लगा हूं। परीक्षा में नंबर भी अच्छे आने लगे थे, कुछ चाची के डर से कुछ अध्यापक भी बहुत अच्छे थे इसलिए समझ भी आने लगा था लेकिन शायद पापा को भरोसा नहीं है मेरे ऊपर इसलिए नहीं भेज रहे है और उस दिन बहुत दुख हुआ था। जैसे मैंने बताया की वही एक जगह थी जहां दिल लग गया था, "पूरी दुनिया का सुख–दुख एक तरफ जिंदगी में जो चल रहा है एक तरफ। घर की डांट, मार एक तरफ और वह जगह एक तरह से सारे दुखों का निवारण करने वाली जगह थी" और अब पिता जी के प्रति ईर्ष्या उत्पन होने लगी क्योंकि जब गलत काम किया, तब मारा किंतु अब ऐसा क्यों?

पापा ने प्रशिक्षण बंद क्यों की - एक तो आर्थिक तंगी थी हालांकि यह भी इतना बड़ा विषय नहीं था। असल बात यह थी कि पापा के दोस्त ने गलती से चैस के रूप में बीजेपी का एक वीडियो डाल दिया था और उस प्रशिक्षण के मुख्य सदस्य ने पापा को कुछ बोल दिया था। जबकि उसके कुछ दिनों पहले उन्होंने कांग्रेस के संबंध का कुछ डाला था और उस समय बीजेपी-कांग्रेस कुछ ज्यादा ही चल रहा था शायद 2017 की

बात है। दूसरी बार प्रधान मंत्री का चुनाव होने वाला था। उसके दो साल बाद "मोदी जी दूसरी बार प्रधानमंत्री बने और बनते भी क्यों नहीं इतना अच्छा काम कर रहे थे", उसने जब बोला ग्रुप में तब पापा को गुस्सा आ गया कि इतने बड़े ग्रुप में मुझे कैसे बोल दिया और सही भी है एक तरह से क्योंकि वह प्राइवेट मैसेज भी कर सकते थे पर पूरे ग्रुप के सामने बोलेंगे तो बेइज्जती लगती है और सही भी किया था जो पापा ने मुझे निकाल दिया परन्तु उनको मुझे बताना चाहिए था। मेरा मानना यह है की सिर्फ़ "झूठ बोलना गलत नहीं है" पर "सच को छुपाना भी गलत है।"

समाज को संदेश

• गलतफहमी और आधी बातें किसी के भी प्रति नफरत उत्पन्न करवा सकती है, इसलिए देर होने से पहले चीज़े सुधारी जाए, गलत-फहमी में आकर किसी से नफरत ना करें ।

• "अंधेरे के बाद सवेरा तो होता है, मगर यह भूल गया कि दोबारा अंधेरा भी तो होता है, फिर से सवेरा देखने के लिए.....।"

कविता

जब नाकामियाबी दिखती है,

जब अंधेरा हर जगह छाता है,

हार ना मानो ऐसा वो बताना चाहता था।

गलत फहमी ग्रीणा ना पालो,

बुरी आदत पड़े तो उसी वक्त टालो।

बताया था उसने, हार कर थको नहीं।

लगे रहो जिंदगी में अपनी,

कुछ अलग संदेश देना चाहता था वो।

6

चार दिन की चांदनी, फिर अंधेरी रात

तो अंधेरी की शुरुआत तो हो गई थी पिछले साल से। जो कमी रह गई थी, वह इस साल में पूरी हो गई।

बात है, कक्षा दसवीं की। जिस तरह लड़की के छोड़ के जाने पर कोई दुखी होता है, ठीक वैसे ही मेरी हालत भी हो गई थी, कोचिंग छूटने के बाद। बची–कुच्ची कसर अर्धवार्षिक परीक्षा ने पूरी कर दी। पता नहीं क्या हो गया था, मन ही नहीं लगता था। अध्यापिका भी परेशान थी, कि इतना अच्छा पढ़ने वाले बच्चे को क्या हो गया? उन्हें क्या ही पता था मेरे बारे में। अब थोड़ा बाहर जाना भी शुरू हो गया था तो बहुत सारे दोस्त भी बन गए थे।

अब-जब नंबर कम आए, तो इस बार किसी ने ज्यादा बोला भी नहीं पता नहीं, क्यों ?

फुटबॉल का मैच हुआ इस बार दुबारा पर इस बार दूसरे विद्यालय के साथ था लेकिन दिमाग में तो अभी भी वह सब था। वहां भी हार कर आ गए और इस बार सारी गल्तियां मेरी ही थी क्योंकि गोलकीपरिंग तो हुई नहीं। पता नहीं ध्यान कहां था, दिमाग में बहुत कुछ चल रहा था, फिर जैसे-तैसे सही हुआ। वार्षिक परीक्षा तक कुछ नहीं आता था। अध्यापिका सब बहुत अच्छी थी, उन्हें कॉल करके पूछता था। फिर स्कूल में लड़ाई-

झगड़े का माहौल शुरू हो गया था। बच्चे शायद बड़े हो गए थे। दूसरे स्कूल के बच्चे हमारे स्कूल के बाहर आते थे और लड़ाई करके चले जाते थे।

एक दिन मैं और मेरा मित्र उत्सव पांडे जा रहे थे और वह एक दोस्त के साथ किसी की बाइक पर चला गया और हमें एक अध्यापक ने देख लिया। स्कूल में वैसे ही बहुत गर्मा-गर्मी का माहौल था, उसके उपरांत एक लड़के को किसी दूसरे स्कूल के लड़के की बाइक पर जाता, देख अध्यापक भड़क गए। अगले दिन जब स्कूल गए, तो हम दोनों को एक-एक करके उस अध्यापक(राजेश मुरारी) ने बुलाया और पूछा कि कौन गया था कल मोटरसाइकिल पर मैंने तो बोल दिया था की मैं नहीं था लेकिन उत्सव ने पता नहीं क्या बोला और हमें कहा गया कि कल "अपने माता-पिता को बुलाकर लाना है।" स्कूल में एक बार ख्याल आया कि चाची को बोल दूं पर डर था कहीं पिछली बार की तरह इस बार भी वही ना करदे क्योंकि "भरोसा तो एक ही बार टूटता है ना", फिर सोचा - घर पर नहीं बताऊंगा परंतु पांडे तेज था। छुट्टी में उसकी मां उसकी बहन को लेने आई थी तब उसने अपनी मां को उसी समय अध्यापक से मिलवा दिया। वह बच गया पर मैं डर से चुपचाप घर चला गया था और पूरे समय सोचता रहा..... क्या करूंगा? क्या बोलूंगा?

तो सोचा - नहीं बताता....!

पर फिर जब पापा रात को आए ।

तो पापा ने सीधा बोल दिया – "आज स्कूल में क्या हुआ" ?

मैं फिर से चुप अब क्या बोलूं - तो फिर झूठ बोल दिया - कुछ नहीं ?

पिता जी बोलते हैं "स्कूल में बुलाया है।" मैंने झूठ बोला, मुझे नहीं पता क्यों बुलाया है ?

पूरी रात उठा रहा डर से...!

अगले दिन तैयार होकर सीधा स्कूल गया सोचा था, पापा नहीं आएंगे! क्योंकि ऑफिस के लिए आठ बजे निकल जाते थे पर वह स्कूल आ

गए। फिर क्या.. प्रधानाचार्य के दफ्तर में मुझे भी कक्षा से बुलाया और कहा इसको स्कूल से निकाल रहे हैं और फिर पता नहीं कहां से याद

आया प्रधानाचार्य को तब वह बोलती है कि तुमने तो नक़ल भी की थी ना। फिर क्या ..? "आग में घी दल गया था।" स्कूल से निकाला तो नहीं गया पर जब छुट्टी में घर गया उसके बाद डरा हुआ था। पापा आए और शायद पीटने ही वाला था और उस दिन चलाई पहले बार जुबान और फिर मार से बच गया।

अब आते हैं क्यों.... पर

मैंने जुबान क्यों चलाई? - बाहर जाना शुरू हो गया था। नए-नए दोस्त बने और उनमें से एक था, देवांश अग्निहोत्री इसके कारनामे मेरे से बहुत अलग थे। लड़ाई-झगड़ा करने वाला लड़का था। उसके घर पर भी बहुत क्लेश होते थे। तब उससे सुनी उसके घर की कहानी....। उसने कहा - कि मेरे पापा डांट रहे थे, तो मैं घर से भाग गया एक बार उसके बाद जब डांटा, तो उल्टा जवाब दे दिया।

"घर से भागने की हिम्मत तो मेरी थी नहीं या संस्कार भी थे थोड़े बहुत...।" तब जवाब देना ज्यादा अच्छा लग गया और वह बैठ गया दिमाग में इसलिए जबाब दे दिया।

पापा को कैसे पता चला? – उत्सव ने जब अपनी मम्मी को मिलवा दिया था, तो उसके बाद अध्यापक ने सीधे पापा को फोन कर दिया था कि "आपको कल स्कूल में बुलाया है।"

अध्यापक ने क्यों बोला? - उत्सव ने वहां यह कह दिया था की मैं तो अपनी मां के साथ जाता हूं, मैं नहीं था इसलिए मैं फस गया।

समाज के संदेश

दोस्त ऐसे बनाओ, जो मुसीबत में भी साथ दे। ऐसे नहीं जो मुसीबत में फंसा कर, खुद बच जाए।

कविता

छण भर की खुशी को लेके,

अपने कल को संकट में मत डालो।

कुछ अच्छा करने का अवसर आए,

उस काम को कभी मत टालो।

जानों कौन अपना है और कौन पराया,

दोस्ती निबाहो दिल से,

मगर अंधविश्वास मत जगाओ।

7

कुछ अनसुनी और अनकही बातें

१. बचपन में बेन–10 कार्टून तो हर किसी ने देखा होगा। मैंने भी देखा था, पर मैं बचपन से शायद पागल था। मुझे पहले लगता था।, कि वह जो घड़ी है। वह गड़्ढा करके मिली थी बैन को, तो मैं भी गड़्ढा करने लग गया था। अपने घर के बगल वाले पार्क में, फिर एक दिन जब शुरुआत से देखा, तो तब पता चला कि वह घड़ी तो आसमान से गिरी थी और उस दिन समझ आ–गया था की कितना बड़ा बेवकूफ़(पागल) हूं मैं।

२.जब छोटा था, तो दोस्तों के चश्मे पहना करता था, ताकि और अच्छा दिखूं। और चश्मे में तो लड़कियां भी तारीफ करती थी, सिर्फ लड़कियां ही नहीं लड़के भी करते थे। पर पता नहीं था कि पावर के चश्मे पहनने से आंखें खराब हो जाती है और वही हुआ, मेरी आंखें ख़राब हो गईं.. ।

"मुझे कम दिखाई देता था पर मुझे तो ऐसा लगता था, कि जितना मुझे दिख रहा है, उतना ही सबको दिखता है।" तो कभी प्रश्न भी नहीं उठाया?

३. बचपन में एक बार लड़ाई भी की थी। जिसमें मैंने और उसने दोनो ने ही मारा था बराबर एक दूसरे को पर मैं गोरा था। तो मेरे निशान ज्यादा दिख रहे थे और उसके कम, क्योंकि वह काला था और उसको बोलते भी

"कालू" ही थे पर उस दिन पता नहीं क्यों॑ चिड़ गया था। और हाथापाई हो गई। मैंने तो घर पर कुछ नहीं बोला, पर उसकी मम्मी ने उसके निशान देख लिए थे। और सीधा घर आ गई थी।"

वह पहला दिन था। जब मेरे घर-वालों ने मुझे न सुनाकर... किसी और को सुनाया पर जैसे ही उसकी मां गईं। वैसे ही वापस मुझे सुनाने लग गए थे, लड़ाई-झगड़ा मत किया कर कभी किसी के गलत जगह लग गई तो...! और पता नहीं क्या-क्या.....?

४. ऐसी एक लड़की भी पसंद थी, बचपन से... (नाम नहीं बताऊंगा चलो "बसंती" मान लेते हैं...। उसका नाम) एक तरफा प्यार जैसे होता है ना, वैसे ही था, मुझे बसंती से, उसको देखने के लिए मंगलवार को हनुमान जी के मंदिर जाता था।

पहले तो हिम्मत नहीं हुई, मुझे लगा था की कहीं ना बोल दिया । तो....

और उसके घर वाले मेरे घर आ गए तो ? रिश्ता लेके नहीं!..... ये बोलने की बेटा सुधार–लो अपना।

बहुत सोचा और कभी कुछ नहीं बोल पाया। फिर जैसे- तैसे दसवीं कक्षा में बहुत हिम्मत करके उससे बात करने गया था और पूछा–सिंगल हो या रिलेशनशिप में.....।

उसने बोला- रिलेशनशिप में...। और फिर क्या चला गया था। समझ ही नहीं आया ।क्या बोलूं ....?

जिसको तीन साल से पसंद करता रहा। वह किसी और के साथ और मतलब एक और सदमा सा लग गया था।

मुख्य संदेश जो मैं लोगो को देना चाहता हूं

यह आखिर में इसलिए लिख रहा हूं क्योंकि जिसने यह किताब पूर्णतः पढ़ी होगी वह यह सब समझ पाएगा और मैं यहां पर कुछ शब्दों का प्रयोग कर रहा हूं जैसे की मूर्ख, अंधभक्त और बेवकूफ़, जिसे सरल भाषा में लोग भोला, लाता और शरीफ भी कहते है।

भारत की जनता भी मेरी तरह भोली है और अधिकतम जनता मुर्ख है। पहले अंग्रेज आए लूट के चले गए और अब वही काम भाजपा सरकार कर रही है, अब आप सभी लोग यह सोचेंगे की मैंने थोड़ी देर पहले माननीय प्रधानमंत्री श्री नरेंद्र मोदी जी की तारीफ की और अब मैं उन्ही की पार्टी का विरोध कर रहा हूं। देखिए इस सरकार में जितने भी कैबिनेट मंत्री है, उनमें से अधिकतर बहुत ही अच्छे है जैसे श्री नितिन जयराम गडकरी जी, श्री राजनाथ सिंह जी, श्री अमित अनिल चंद्र शाह जी और डॉक्टर सुब्रह्मण्यम जयशंकर जी। यह मैंने सिर्फ उदाहरण के तौर पर दिए है क्योंकि इन्हें मैंने इंटरव्यू में देखा सुना है और कुछ नए चेहरे भी है जैसे श्री के अन्नामलाई जी।

कोई शक नही है की भाजपा ऊपरी स्तर पर बहुत अच्छा काम कर रही है परंतु चिंताजनक बात यह है की उनकी ही पार्टी के अन्य कार्यकर्ता उनके भांति काम नही कर रहे है और उसके उदहारण निम्नलिखित है:

१) सबसे पहले मैं उत्तराखंड की बात करना चाहूंगा, क्योंकि मेरा मूल निवास उत्तराखंड है। पिछले 7 साल से यहां भाजपा सरकार है, परंतु क्या किया उन्होंने, कुछ नहीं, 18 मार्च 2017 को श्री त्रिवेंद्र सिंह रावत जी यहाँ के मुख्यमंत्री बने 10 मार्च 2021 को उनको हटा दिया जाता और इस बार उन्हें हरिद्वार से उम्मीदवार चुना जाता है। क्यों? जबकि इन्होंने ही एक बयान दिया था जिसमें इन्होंने कहा कि कोरोना वायरस तो एक लिविंग ऑर्गेनिज्म है और उसे मनुष्यों के भाती ही जीने का अधिकार है। ऐसे ही अन्य बहुत सारे बयान है इनके।

इनके बाद श्री तीरथ सिंह रावत जी को मुख्यमंत्री पद सौंपा जाता है, जो लड़कियों के कपड़ो को लेकर बयान देते है जबकि इनकी धर्मपत्नी

स्वयं मिस मेरठ रह चुकी है। इन्हे यही तक नहीं पता था की हमारे ऊपर ब्रिटिश ने राज किया था या यूएस ने।

अब बात करते हैं हमारे वर्तमान के मुख्यमंत्री श्री पुष्कर सिंह धामी जी की जिन्हे उत्तराखंड के लोग प्यार से खनन माफिया भी बुलाते हैं। वह 2021 में मुख्यमंत्री पद के लिए नियुक्त हुए परंतु इतना बड़ा पद मिलने के बाद भी वह अपनी ही विधानसभा क्षेत्र में हार जाते हैं और इन्होंने मोदी जी के नाम पर वोट मांगने के अलावा कुछ नही करा।

२) एक तरफ मोदी जी राम मंदिर का उद्घाटन करते है, वही दूसरी तरफ हमारे उत्तराखंड के मुख्यमंत्री श्री पुष्कर सिंह धामी जी लिविंग रिलेशन के लिए कानून निकालते हैं। शायद उन्हें पता नहीं है उत्तराखंड को देव भूमि कहा जाता है और देव भूमि में ऐसे कानून लाना क्या उचित है?

३) अंकिता भण्डारी मर्डर केस, इस पुस्तक को लिखने का मेरा एकमात्र और मुख्य कारण। दोषी पुलकित आर्या सुपुत्र श्री विनोद आर्या जो की भाजपा लीडर थे पहले। उत्तराखंड के लोगो ने जब आंदोलन किया तो कोई कारवाही नहीं। उसके बाद जब एक इंडिपेंडेंट पत्रकार और जागो उत्तराखंड एडिटर आशुतोष नेगी ने आवाज़ उठाई तो उसको जेल में बंद कर दिया गया। यह है हमारे माननीय मुख्यमंत्री श्री पुष्कर धामी जी के कुछ काम।

४) उत्तर प्रदेश के माननीय मुख्यमंत्री श्री योगी आदित्यनाथ जी जिनकी जन्म भूमि पौड़ी गढ़वाल है, क्या इनका कोई फर्ज नहीं बनता की अंकिता भंडारी मर्डर केस में यह कुछ बोले या कारवाही करवाए? मैं योगी आदित्यनाथ जी का बहुत ज्यादा सम्मान करता था, मुझे यह लगता था की यह पक्षपात नहीं करते परंतु जब इन्होंने भी सभी की तरह अंकिता भंडारी के केस में कुछ नही बोला तब मैं समझा कि यह भी सिर्फ उन्हें ही सज़ा देते है जो विपक्षी पार्टी के होते हैं। इन्होंने स्वयं यह भी कहा था की सनातन धर्म, इंसानियत को दर्शाने वाला धर्म है।

५) अब बात करते है उत्तराखंड के मेयर, श्री सुनील उनियाल गामा जी के बारे में जिनकी 2.25 करोड़ की कुल संपत्ति 2023 में 20 करोड़ की हो जाती है। अभी भी मैं आरोप नहीं लगा रहा हूं, सिर्फ अखबार में दर्शाई

चीज़े बोल रहा हूं। अब या तो अखबार ग़लत है या शायद भाजपा के नेता ही घूसखोर और भ्रष्टाचारी हैं? श्री सुनील उनियाल गामा जी की सुपुत्री की सचिवालय में नौकरी कैसे लग जाती है जबकि उत्तराखंड की आधी युवा पीढ़ी बेरोजगार है? उन्हें महंत दरबार की 20 प्रॉपर्टी 5 लाख में कैसे मिल जाती है जबकि ज़मीन का भाओ आसमान छू रहा है? उनके बेटे के नाम एक पेट्रोल पंप भी खुल जाता इनके मेयर बनते ही, कैसे?

६) 3 idiots तो शायद सबने देखी होगी और उस फिल्म का बॉक्स ऑफिस कलेक्शन 400 करोड़ हुआ। उसमें आमिर खान जी ने एक किरदार निभाया "रैंचो" का जो की असल जिंदगी में और कोई नहीं, श्री सोनम वांगचुक जी है। फिल्म निर्माता ने एक असल इंसान के नाम का प्रयोग किया परंतु जब वही व्यक्ति 6 शेड्यूल की मांग के लिए आंदोलन पर बैठा तो किसी ने उसको समर्थन नहीं दिया ना उस फिल्म के कलाकारों ने ना मीडिया ने उस आंदोलन को दर्शाया। मीडिया को भारत के संविधान का चौथा स्तम्भ माना जाता है परंतु आज का मीडिया सिर्फ टीआरपी के लिए काम करता। इसके अतिरिक्त श्री सोनम वांगचुक जी की रैली "पश्मीना मार्च" रोकने के लिए सरकार ने सेक्शन 144 भी लगा दिया है।

७) सोशल मीडिया स्टार "elvish yadav", इन्होंने 2016 में करियर शुरू किया यूट्यूब पर और मैं इन्हें 2017 से देख रहा हूं। मैं इनका फैन नहीं हूं मगर मेरे अंदर इंसानियत है। यह सबसे ज़्यादा फेमस हुए बिग बॉस से जीत कर परंतु शायद वही से इनकी किस्मत खराब होनी शुरू हो गई। यह जब जीते तो हरयाणा के पूर्व मुख्यमंत्री श्री मनोहर लाल खट्टर जी ने इनको सम्मानित किया, तब विवाद हुआ की हरयाणा के मुख्यमंत्री एक सोशल मीडिया के व्यक्ति को सम्मानित कर रहे है लेकिन जो ओलंपिक में जीत कर या कही बाहर देश में जाके देश का नाम रोशन कर रहे हैं, उनको कुछ नहीं। फिर यह विवाद चल ही रहा होता है की तभी मेनका गांधी जी elvish yadav पर सांप का जहर बेचने के आरोप लगा देती है पर यह चीज़ यही रुक जाती है, क्योंकि सबूत नहीं मिलते।

अब आया चुनाव का समय, आप बस क्रोनोलॉजी समझिए – 13 मार्च 2024 को श्री मनोहर लाल खट्टर जी इस्तीफा देते है और 17 मार्च 2024 को elvish yadav को न्यायिक हिरासत में अंदर कर दिया जाता है, और उस समय पर सभी सरकारी वकील स्ट्राइक पर होते है, फिर 4 – 5 दिन अंदर रखने के बाद उन्हें बेल पर छोड़ दिया जाता है और तब मेनका गांधी जी एक बयान देती है, जिसका ना ही सिर होता है ना पैर।

अब मैं यह तो नहीं बोल सकता की elvish yadav ने भाजपा की रैली में आने से मना कर दिया था या पूर्व मुख्यमंत्री श्री मनोहर लाल खट्टर जी यादव समाज का ज्यादा पक्ष लेते थे इसलिए उन्हें हटाने के लिए, भाजपा ने यह पूरा खेल रचा।

८) अब एक सोचने वाली बात यह भी है की आज तक जो बैंगलोर की टीम कभी नहीं जीती, वह इस बार WPL में कैसे जीत गई? मुंबई इंडियंस के कप्तान रोहित शर्मा के बदले हार्दिक पंड्या को कप्तान इस बार इसलिए बनाया क्योंकि इस बार आखरी इस्तान मुंबई इंडियंस का आएगा? अब मैं यह तो नहीं कह सकता की मैच फिक्सिंग हो रखी है, परंतु सोच ने वाली बात यह भी है की परिवारवाद सिर्फ राजनीति में ही नहीं होता क्रिकेट में भी हो सकता है(बी सी सी आई सचिव श्री जय शाह सुपुत्र श्री अमित शाह)।

९) भारत के लोग इतने बड़े बेवकूफ है की क्या ही बताऊं, अंग्रेजो द्वारा जो फुट नीति अपनाई गई, वही आज भाजपा सरकार अपना रही है, और भारत के लोग भेड़ों के माफिक बस उनके पीछे चल रहे हैं। भारत सेक्युलर सिर्फ हिंदुओ की वजह से नहीं था, भारत सेक्युलर भारतीयों की सोच और उनके विचारों के कारण था। जहां पहले शांति प्रेम से लोग रहते थे, वहा आज सिर्फ हिंदू मुसलमान हो रहा है। अब मैं यह तो नहीं कह सकता की भाजपा ही दंगे करवा रही है परन्तु जो पार्टी इलेक्शन के 3 महीने पहले राम मंदिर की प्राण प्रतिष्ठा करवा सकती है वह कुछ भी कर सकती है। भाजपा और कांग्रेस में बस यही फर्क है की कांग्रेस मुस्लिम को ज्यादा समर्थन देते हैं और भाजपा अपने मंत्रियों को।

१०) ट्रेंड, आधे से ज्यादा यूथ इसके पीछे भाग रहा है। किसी को नही पता भगवान के बारे में पर रील बनाने के लिए हर कोई तैयार है। पहले

लोग मंदिरो में दर्शन के लिए जाते थे, परंतु अब सिर्फ "कॉन्टेंट" के लिए जाते है। किस मंदिर का क्या महत्व है? उसका इतिहास क्या है? किसी को नहीं पता परंतु फॉलोवर्स और दिखावा करने के लिए सब जाते हैं। एक तरफ भक्ति का दिखावा दूसरी तरफ मीट मदिरा का सेवन।

११) ISKCON सभी लोगो ने सुना होगा पर क्या कभी किसी ने सोचा कि इसकी शुरुआत कहा से हुई? इसका उद्देश्य क्या है? यह किसको मानते हैं? क्या इनके विचार है? नहीं, क्योंकि भारत के लोग अंधभक्त है, वैसे ही जैसा आमिर खान की फिल्म "पीके" में दर्शाया गया था।

१२) मैंने बहुत लोगो से सुना की श्रीमद्भगवद्गीता में कलियुग का वर्णन है तो मैंने सोचा की में भी पढ़ू परंतु मैंने गीता अध्याय–२ के आगे पढ़ी ही नहीं। मेरे लिए तो वह गलत है और वह लिखी भी किसने श्री श्रीमद् ए.सी.भक्तिवेदांत स्वामी प्रभुपाद जी ने, यह भी तो हो सकता है की इन्होंने अपनी मर्जी से कुछ भी लिखा हो। यह ISKCON के फाउंडर है, वही ISKCON जो कृष्ण को सर्वोच्च प्रभु देवत्व बताता है परन्तु श्री कृष्ण तो स्वयं श्री नारायण के एक अवतार थे।

१३) सुशांत सिंह राजपूत, 14 जून 2020 को उनका देहांत हुआ। शुरुआत में सबने ड्रामा किया पर आज कितने लोगो को पता है की क्या हुआ उस केस का? भाजपा के नेताओ ने 2020 में बिहार के विधान सभा चुनाव के लिए बहुत अच्छे से सुशांत सिंह के नाम का प्रयोग किया परंतु इंसाफ अभी तक नहीं दिलाया।

१४) अंबानी - अडानी, दो नाम जो आज देश चला रहे है? मैंने देखा की अंबानी जी ने अपने सुपुत्र अनंत अंबानी की प्री वेडिंग सिर्फ उसका चरित्र अच्छा दिखाने और व्यापार के लिए कराई थी और बहुत सारी पीआर टीम को पैसे भी दिए एक ही चीज़ को दिखाने के लिए। हसदेव आनंद मुख्य लोगो ने सुना होगा मगर आवाज़ उठाने को कोई तैयार नहीं है, क्यों? जबकि सबको पता है भाजपा सरकार अडानी को समर्थन दे रही है। क्या संविधान सिर्फ गरीब लोगो के लिए है, अमीरो के लिए नहीं?

१५) तीन महीने पहले की एक वारदात है, जिसमें एक लड़का अपनी गाड़ी से एक व्यक्ति को टक्कर मार देता है परंतु अभी तक उसके

ऊपर कोई कारवाही नहीं होती है क्यों? सिर्फ इसलिए क्योंकि वह शक्ति सिधाना और नीतू सिधाना जी का बेटा है? और ऐसी ही एक वारदात 8 दिसंबर, 2013 की भी है जिसमें एक काली रंग की एस्टन मार्टिन दो लोगो को टक्कर मारती है और उसका पूरा आरोप उनका ड्राइवर लेता है वैसे ही जैसे आपने हाल फिल्हाल के पुणे पोर्शे केस में देखा।

१६) एक यूट्यूबर है, ध्रुव राठी , जिन्हें प्यार से लोग "जर्मन शेफर्ड" और "दुग्गल साहब" कहते है। मैं इनके खिलाफ नहीं हूं परंतु मेरा बस एक सवाल है इनसे की इनकी सभी वीडियो में सिर्फ कांग्रेस और बाजपा को ही क्यों निशाना बनाया जाता है, आम आदमी पार्टी को क्यों नहीं? यह अपने इंटरव्यू में बोलते है की यह आज तक किसी भी पार्टी से नहीं मिले है तो इनका नाम आम आदमी पार्टी के एडिटर लिस्ट में क्यों होता था? अगर यह निष्पक्ष है तो यह बाकी लोग जो इनसे सवाल करते है उनके कॉमेंट को हाइड या डिलीट क्यों करते हैं?

१७) अब आप सोच रहे होंगे की मैं यूथ को मूर्ख और बेवकूफ क्यों कह रहा हूं? देखिए हमारा यूथ जो है वो बस फॉलो करना सीख रहा है। किसी ने व्लॉग चैनल बनाया यूट्यूब पर तो आधी जनता व्लॉग बनाने लग गई, एक कोई मोटो व्लॉगर बना तो कुछ लोगो ने वही शुरू कर दिया, फिर एक नई प्रजाति आई फूड व्लॉगर की तो कुछ उस में चले गए, फिर उसके कुछ समय बाद एक अलग ही प्रजाति का जन्म हुआ जिसे कहते एमबीए चायवाला, बीटेक चायवाला ना जाने क्या – क्या पर शायद यूथ की भी गलती नहीं है। आए दिन पेपर लीक हो जाते हैं, स्कूल कॉलेज में बच्चे सुरक्षित नहीं है, आईआईटी का लड़का आईएसआईएस से जुड़ना चाहता है, एक सरकार दूसरी सरकार से लड़ती है और मीडिया उसे पूरे दिन दिखाती है परंतु मीडिया वह नही दिखती जो अनिवार्य है। हर कोई बस अपना अपना फायदा देख रहा है, इंसानियत किसी में बची नहीं, दिवोर्स का कानून आया पीड़ित महिलाओं की सुरक्षा के लिए परंतु महिलाओं ने उसे पैसे कमाने का जरिया बना दिया है। गलतियां सारी इंसान की और फिर बोल दिया जाता है की कलियुग में जी रहे हैं हम तो अच्छा कैसे हो सकता है।

१८) प्राची निगम जिसने दसवीं कक्षा में टॉप किया है उसे इतनी ट्रोलिंग का सामना करना पढ़ा वह भी इसलिए क्योंकि उसका रूप रंग अच्छा नहीं है। वही दूसरी ओर अंजली अरोरा और सुभाश्री साहू है, जिनका रूप रंग बहुत अच्छा है परंतु उतने ही उनके चरित्र को लेके सवाल। अब कौन सही और कौन गलत? बाहरी सौंदर्य महत्वपूर्ण या आंतरिक सौंदर्य?

१९)भाजपा के सभी नेता ने अपने ट्विटर अकाउंट में मोदी का परिवार तो लिख दिया परंतु क्या वह उस राज्य का परिवार या सदस्य भी बन पाए जहा वह मुख्यमंत्री हैं? क्या वह सही मायनो में मोदी का परिवार बन पाए या सिर्फ वोट मांगने के लिए यह एक पब्लिसिटी स्टंट था? यह सवाल सिर्फ मेरे नहीं जनता के भी होने चाहिए थे परंतु दुर्भाग्यवर्ष हम जिस समाज में रह रहे है उसे सिर्फ अपने से मतलब है और किसी से नहीं।

मैं भाजपा के विरोध में नही हूं परंतु मैं यह चाहता हूं कि वह पक्षपात ना करे अगर कुछ चीज़ गलत है तो उसे गलत ठहराए ना की सिर्फ जो लोग उनके विरोधी है उनको निशाना बनाए। मैं कॉमर्स का छात्र हूं और मुझे पता है की कुछ लोगो का साथ हमें देना पड़ता है पैसों के लिए क्योंकि मैंने खुद यह महसूस किया है की एक इंसान सिर्फ अच्छाई कर के इस समाज में नही उठ सकता। जब लोग ही अच्छाई का साथ नही देते तो हमें थोड़ी बुरी कुटनीतिया भी अपनानी पढ़ती है(मगर वह कुटनीतियां समाज के हित में हो) और अगर मैं गलत हूं तो मुझे कृपया बताए की शराब और तम्बाकू जो की जानलेवा है मनुष्य के शरीर के लिए वहा से सबसे ज्यादा पैसा सरकार को क्यों मिलता है? बात यह नहीं है की कौन अच्छा काम कर रहा है या कौन गलत। हम बस हर जगह अपना फायदा देखते है, चाहे देश का विकास हो या ना हो। हमें जो सरकार फायदा करेगी वही अच्छी है फिर चाहे किसी का रेप हो या चाहे कोई अनशन पर बैठे।

इस किताब को मैंने फ़रवरी में लिखना सुरु किया था और यह किताब मार्च में खतम हुई परन्तु मेरी आर्थिक स्तिथि अच्छी न होने के कारण मैंने इसे अभी तक नहीं छपाया और अब चुनाव का परिणाम भी

आ चूका है और सबसे अच्छी चीज़ जो मुझे लगी वह थी लदाख के लोगो का वोट किसी पार्टी को न जाके निर्दलय को जाना परन्तु उत्तराखंड के लोग जिनसे मुझे उम्मीद थी की शायद यह अभी तक अंकिता भंडारी और भू कानून नहीं भूले होंगे, वह भाजपा को ५ के ५ सीट से जीता दिए और मुझे इस बात से भी कोई परेशानी नहीं है परन्तु अगर हम ही अपने लोगो के लिए आवाज़ नहीं उठाएगे तो और कौन उठाएगा?

निष्कर्ष

मैं किसी की भी भावनाओं को ठेस नहीं पहुंचाना चाहता परंतु हम भारतीय लोगों की सबसे बड़ी दिक्कत ही यह है, की हम अंधभक्त बन जाते है और सिर्फ अपने फ़ायदे के लिए ही चीज़ें करते है, जब तक हमारे ऊपर कोई दुविधा नहीं आती या हमारे साथ कुछ गलत नहीं होता हम तब तक शांत रहते हैं।

जबकि हमारी संस्कृति हमे सिखाती है:

ॐ सर्वे भवन्तु सुखिनः

सर्वे संतु निरामयाः।

सर्वे भद्राणि पश्यंतु

मां कश्चित् दुःखभाग् भवेत्।

ऊं शांतिः शांतिः शांतिः।।

अर्थात् सभी खुश रहे, कोई भी बीमार ना पड़े। सभी को सर्वत्र मंगल ही मंगल दिखे, कभी किसी को दुख न हो।

ऊं शांतिः शांतिः शांतिः।

- "नीति नियम नियत" देखने में यह सिर्फ तीन शब्द है परंतु मैं अपने नज़रिए से बताऊं तो नीति और नियम बनाना सरकार का काम है, और शायद सरकार बखूबी यह काम कर भी रही है लेकिन सबसे महत्व नियत है क्योंकि अगर किसी की नियत ही सही नही होगी तो क्या कभी विकास होगा?

- मैंने एक मुसलमान भाई से पूछा भाजपा सरकार अच्छी है या कांग्रेस, उसने कहा कांग्रेस इसलिए नहीं की वह बहुत अच्छी है या उसमें भ्रष्टाचार नहीं किया और ना ही इसलिए की वह मुस्लिम है। उसने बोला कांग्रेस इसलिए अच्छी है क्योंकि वह पैसे खाती भी है और खाने भी देती है परंतु भाजपा सरकार सिर्फ अमीरों के लिए है, जो अमीर है वह बच जाता है और जो गरीब है वह पीस जाता है।

- हर चीज में नुक्स निकालने वाला बाप आज कुछ नही बोलता,

स्कूल-कॉलेज में गलतियां निकालने वाले अध्यापक बच्चो से डरने लगे है, राजनैतिक आलोचक अब सिर्फ लैफ्ट विंग और राईट विंग करते है और खोजी पत्रकार अब सिर्फ टीआरपी की खोज में रहते है, इन लोगो से मुझे कोई आपति नही है परंतु यह वह चार लोग है जो असल मायनों में समाज सुधारक है। अगर यह अपना काम सही से करेंगे तो शायद हिंदुस्तान पहले अंक पर मोदी जी के द्वारा कहे गए समय से भी पहले आजाएगा।